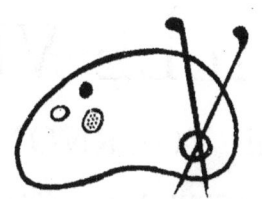

Illustrations en couleur

LA CHAPELLE
DES
ONZE MILLE VIERGES
DE TOURNON
ET SON ANCIEN MISSEL MANUSCRIT

Par l'Abbé FILLET

Curé d'Allex.

VIVARAIS ANCIEN

PRIVAS
IMPRIMERIE CENTRALE DE L'ARDÈCHE
1895.

DU MÊME AUTEUR

Montbrison religieux, notice historique . . .   1 50
Donzère religieux, notice historique . . . .   2 »
Etat des diocèses de Die et de Valence en 1509, d'après un document inédit. . . . .   2 »
Echevis religieux, notice historique 1 25
Notice historique sur les paroisses de Colonzelle et de Margerie. . . . .   2 »
Dépendances de Montmajour dans les Hautes-Alpes. . . . .   1 »
Histoire religieuse de Pont-en-Royans (Isère)   2 50
Notes sur quelques membres de la famille d'Auriac .   » 25
Notice sur les reliques possédées par l'église de Grignan. . . . .   » 50
Notice historique sur la paroisse de Ste-Eulalie-en-Royans 1 25
Essai historique sur le Vercors (Drôme), 1888.
Aps féodal et ses dépendances. — Privas, 1893.   1 25
Notice biographique, littéraire et critique sur le R. P. Augustin de Barruel . . . .
Ponce de Montlaur, seigneur de Montlaur, d'Aubenas, etc. (Ardèche) (1215 env. — 1296) . . .

LA CHAPELLE
DES
ONZE MILLE VIERGES
DE TOURNON
ET SON ANCIEN MISSEL MANUSCRIT

Par l'Abbé FILLET

Curé d'Allex.

VIVARAIS ANCIEN

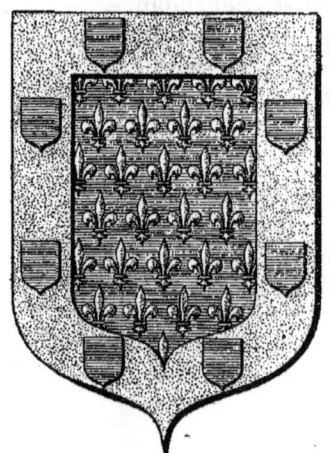

PRIVAS
IMPRIMERIE CENTRALE DE L'ARDECHE
—
1895.

Extrait de la *Revue historique, archéologique, littéraire et pittoresque du Vivarais, illustrée.*

LA CHAPELLE
DES ONZE MILLE VIERGES
DE TOURNON
ET SON ANCIEN MISSEL MANUSCRIT

Le culte de sainte Ursule et de ses compagnes, vierges, martyrisées à Cologne par les Huns vers l'an 452, était très répandu au moyen-âge. Leur fête se célébrait le 21 du mois d'octobre. Dans le Dauphiné, le Vivarais et d'autres contrées, on leur avait élevé des chapelles, et ces saintes furent longtemps connues sous le nom des *Onze mille Vierges*.

Faut-il dire avec des critiques modernes que cette dernière dénomination résulte de la traduction maladroite d'une inscription légendaire ainsi conçue : URSULA. ET. XI. MM. VV., c'est-à-dire : *Ursula et undecim martyres virgines — Ursule et onze martyres vierges ?* Ce n'est pas ici le lieu d'examiner ce point historique depuis longtemps controversé (1), et que le Martyrologe romain ne résout pas. Ce court exposé de la question suffit pleinement pour l'intelligence des détails qui vont suivre.

Au milieu du XVIᵉ siècle, la ville de Tournon, alors comprise dans le diocèse de Valence, avait une *chapelle des Onze mille Vierges*. Celle-ci était desservie par les chanoines de la collégiale de l'église Saint-Julien de la même ville. Elle était la propriété d'un honorable négociant du lieu, ou tout au moins elle relevait du droit de patronage de cet homme, nommé Charles Chavagnac.

A quelle époque fut-elle fondée ? Quel fut son fondateur ? Quels étaient ses revenus et les charges du service ? Constituait-elle un édifice séparé et distinct de toute église ? Etait-elle une chapelle élevée dans l'intérieur de l'église Saint-Julien ? Aurait-elle été un simple titre auquel correspondaient des revenus et des charges ? C'est en vain que nous avons cherché des renseignements sur ces divers points. Les pouillés ou rôles des bénéfices du diocèse de

---

(1) Plus de cinquante auteurs ont donné la vie de ces saintes vierges et répondu d'une manière plus ou moins expresse à la question dont leur nombre est l'objet. Ces auteurs et leurs ouvrages sont très exactement indiqués par M. le chanoine Chevalier dans son *Répertoire des sources historiques du moyen-âge, Bio-bibliographie*, art. Ursule.... Cologne, et supplément, art. Ursule.....

Valence des siècles précédents auxquels nous avons recouru, ne nous ont nullement éclairé. Il est vrai que la plupart de ceux que nous avons trouvés ne mentionnent que les principaux bénéfices, les prieurés et les cures. Un d'eux se trouve fort détaillé et indique les simples chapelles, mais il manque précisément de l'archiprêtré de Saint-Silvestre, lequel comprenait tous les bénéfices du diocèse de Valence situés sur la rive droite du Rhône. Nous sommes réduit aux indications qu'une main ancienne a consignées au recto d'un second feuillet de garde en parchemin qui est au commencement d'un vieux missel manuscrit, tout en parchemin, de l'ancien diocèse de Valence, et dont voici la teneur :

« Le vendredi septiesme avril, l'an mil cinq cens cinquante
« troys prins à l'Incarnation, en la chapelle de la sacristie de
« l'esglise Sainct Julien de Tournon, où estoient assemblés
« cappitulairement mess^{rs} mestres Pierre Alemand doyen, Jouffroy
« Alemand trésorier, maistre Aymar de Combes sacristan,
« Gillibert du Vergier et Symond Valdron, chanoines de ladicte
« esglise, ce présent missal a esté donné ausdicts s^{rs} doyen,
« chanoines et Chappitre d'icelle, par honorable homme Charles
« Chavagnac m(ar)chant dud. Tournon, meu de dévotion et ayant
« esgart au service que lesdicts s^{rs} doyen et chanoines font à
« l'honneur de sa chappelle des Unze mille Viergez. Comme plus
« à plain de la donation appert note receue par moy Guilh(aum)e
« Martineau, notaire royal et secrétaire de ladicte esglise soubz^{né},
« à laquelle à plain m'en rapporte.

(Signature originale) « G. MARTINEAU. »

Ne semble-t-il pas que la chapelle en question a été fondée par le donateur même du missel, et peu de temps avant la donation de ce dernier ? En tout cas, cette hypothèse ne trouve aucune indication contradictoire dans les mots : *Missale d(omi)ni Chavaignac*, écrits à la même époque, en tête du recto du premier feuillet de garde en parchemin qui est au commencement du même missel. Mais elle n'y trouve non plus aucune confirmation. Ces mots, qui sont suivis immédiatement du chiffre *1553*, et le mot *Chavaignac*, mis un peu plus bas, vers le même temps, en guise de signature, et suivi à son tour du chiffre *1553*, ne sont qu'une preuve en plus, bien vague toutefois, de la donation rapportée.

Encore plus bas, vers le milieu du recto du même premier feuillet de garde, une main différente avait écrit, quelques années après, une quarantaine de mots, qu'un fâcheux grattoir a rendus illisibles, sauf les dix premiers, que voici : « Le vi⁰ de feuvrier « 1566 à la Nativité [a e]sté..... » Le grattoir a fait si complètement son œuvre, qu'il ne reste des mots enlevés aucune trace capable de suggérer même vaguement quel fait était rappelé là, à cette date du 6 février 1566.

Quant au texte même du missel, il donne la messe en propre pour la fête des *Onze mille Vierges* ; mais de ce fait on ne peut rien conclure en ce qui touche à la chapelle dont nous nous occupons, car les autres missels du diocèse de Valence de la même époque contiennent la même messe propre. Au surplus, rien ne nous autorise à croire que celui-là fut rédigé en vue du service de la chapelle. Il faut plutôt dire qu'il le fut pour le service d'une église paroissiale, puisque c'est un missel complet. Bien plus, ce qui y est dit de la procession à Notre-Dame de la Ronde fait penser que ce respectable manuscrit avait été destiné à la cathédrale de Valence. Nous pensons que Chavagnac l'aura acquis de quelque église, à laquelle un missel imprimé était beaucoup plus commode et donnait mieux tous les offices de l'époque, tandis que le respectable manuscrit suffisait, et bien amplement, pour les besoins de la chapelle de son acquéreur. Celui-ci l'aura ensuite donné au Chapitre de Tournon en vue du service qu'il faisait à cette chapelle. C'est d'ailleurs ce que signifient les mots : *Ayant esgart au service que lesdicts sʳˢ doyen et chanoines font à l'honneur de sa chapelle*, mots cités plus haut. Toutefois, le service auquel on l'employa, là ou ailleurs, fut rare ou peu prolongé ; car nulle part, même aux feuillets qui reviennent le plus souvent dans la célébration de la sainte messe, il ne porte des traces sérieuses de ce frottement et de ce contact auxquels n'échappent guère les missels les mieux soignés eux-mêmes.

Au surplus, court ou long, cet usage comporte l'addition aux notions précédentes d'une description de ce respectable manuscrit, lequel nous vient de l'Ardèche. Cette description aura d'ailleurs l'avantage de faire connaître un des rarissimes monuments de l'ancienne liturgie d'un diocèse auquel appartenait autrefois un grand pays actuellement compris dans le département de l'Ardèche.

Et d'abord, à commencer par le côté matériel, on a employé au missel 158 feuilles de parchemin, qui, pliées en deux, font un total de 316 feuillets.

Ces derniers sont divisés en 42 cahiers. De ceux-ci, 1, d'une seule feuille, forme les 2 feuillets de garde du commencement, dont nous avons parlé ; 1, de 3 feuilles soit 6 feuillets, venant immédiatement après, contient le calendrier ; 1, d'une seule feuille et placé entre les préfaces et le canon, contient, aux deux faces intérieures de ses 2 feuillets, des peintures dont nous parlerons ; et 1, encore d'une seule feuille, forme 2 feuillets de garde à la fin. Les 38 autres cahiers forment autant de véritables quaternions, chacun de 4 feuilles soit 8 feuillets ; tous sont écrits intégralement ; ils contiennent le texte même du missel.

Les 6 feuillets contenant le calendrier sont écrits sur leurs deux faces et forment ainsi 12 grandes pages d'écriture, dont chacune est consacrée à un des mois de l'année. Le nombre des lignes est naturellement égal à celui des jours de chaque mois, plus la ligne du titre rappelant le nombre de ces jours. Les tracés, très fins et très réguliers, sont à l'encre rouge. L'écriture est à l'encre noire et rouge.

Les 38 quaternions réguliers contenant le texte même du missel sont également écrits sur les deux faces de chaque feuillet, ce qui fait 304 feuillets soit 608 pages d'écriture. Au surplus, chaque page est régulièrement partagée en deux colonnes mesurant 7 centimètres 1 millim. de largeur sur 25 centimètres de hauteur, et séparées par un espace de 1 centimètre 5 millim. de largeur. Toutes les colonnes ont régulièrement 28 lignes, tracées, comme les pages du calendrier, à l'encre rouge. Leur écriture est à l'encre noire, sauf pour les lettres initiales des principaux morceaux, qui sont ornées, et pour les rubriques, qui sont à l'encre rouge.

Les 2 feuillets de garde de la fin seraient entièrement en blanc, si l'addition du *Credo*, faite, postérieurement et d'une main autre que celle du missel, à la dernière colonne du dernier quaternion régulier, eût trouvé en celle-ci une place entièrement suffisante.

La pagination non marquée pour le calendrier, l'est cependant pour le texte même et à l'encre rouge. Elle est marquée à la fois par quaternions au moyen des lettres de l'alphabet et de deux autres signes, les signes d'abréviation du mot *et* et d'abréviation du mot *cum*, et par feuillets de chaque quaternion au moyen des huit premiers chiffres romains. L'alphabet et les deux autres signes, vu la confusion de l'*i* avec le *j*, et de l'*u* avec le *v*, fait seulement un total de 25 signes ; mais on a marqué tous les quaternions en recommençant au 26ᵉ par les lettres de l'alphabet doublées cette fois.

A ces notions sur l'état matériel du précieux manuscrit il faut en joindre sur l'état liturgique dont il est le témoignage attitré, au point de vue de la sainte messe du moins, pour l'époque à laquelle il remonte.

Et d'abord, son calendrier est fort instructif à cet égard. Il indique jusqu'à 205 fêtes ou octaves de fêtes de saints, celles de la Très Sainte Vierge y comprises. Parmi elles, nous signalerons seulement les suivantes :

Janvier. 17. S. Antoine. — 10. S. Barnard. — 26. S. Polycarpe évêque. S. Sulpice évêque et confesseur. — 31. Translation des SS. Félix, Fortunat et Achillée.

Février. 1. S. Paul évêque et confesseur. — 5. S. Avit évêque et confesseur.

Mars. 12. S. George évêque et confesseur.

Avril. 20. S. Marcellin évêque et confesseur. — 23. SS. Félix, Fortunat et Achillée, S. Georges martyrs.

Mai. 11. S. Mamert évêque. S. Mayeul abbé. — 23. SS. Didier et Didier.

Juin. 8. S. Médard évêque et confesseur. — 16. SS. Ferréol et Ferrution martyrs. — 17. Translation de S. Apollinaire. — 22. S. Alban. — 28. SS. Irenée et ses compagnons.

Juillet. 4. Translation de S. Martin. — 16. S. Domnin.

Aout. 5. Dédicace de l'église de S. Apollinaire. S. Venance évêque. S. Dominique confesseur. — 12. Invention des Reliques de Valence. — 20. S. Philibert abbé. — 27. S. Ruf martyr. S. Césaire évêque et confesseur. — 28. S. Julien martyr.

Septembre. 2. S. Just martyr. — 13. SS. Corneille et Cyprien. — 18. S. Ferréol martyr. — 22. SS. Maurice et ses compagnons.

Octobre. 5. S. Apollinaire évêque et confesseur. — 12. Octave de S. Apollinaire. — 17. S. Florent évêque et confesseur. — 21. SS. Onze mille Vierges. — 26. SS. Vedast et Amand évêques.

Novembre. — 1. Tous les Saints. S. Césaire martyr. — 4. S. Amant évêque. — 7. S. Restitut évêque et confesseur. — 14. S. Ruf évêque et confesseur. — 16. Ste Galle vierge. — 17. S. Agnan évêque et confesseur.

Décembre. 8. Conception de la bienheureuse Marie vierge. — 29. S. Trophime évêque et confesseur.

A ce calendrier manquent 5 fêtes qui figurent néanmoins dans le missel. Ce sont celles de S. Andéol martyr (1er avril), de S. Eusèbe et de S. Félix martyrs (1er août), de l'Union des églises de Valence et de Die (28 septembre), et de S. Fronton évêque (25 octobre).

D'autre part, nous avons compté jusqu'à 32 fêtes de saints ou octaves qui figurent au calendrier et dont on ne trouve rien dans le texte même du missel. Il y aurait peu d'utilité à en donner ici les noms.

Pareilles anomalies sont moins étonnantes que regrettables, quand on considère la facilité qu'avait un copiste d'ajouter ses propres fautes à celles d'un copiste précédent. Toutefois, nous sommes fort tenté d'attribuer principalement à une autre cause ces différences entre le texte d'un missel et son calendrier. A la cessation de certaines fêtes et à l'institution de certaines autres devaient correspondre la suppression de l'office de celles-là et l'addition de l'office de celles-ci dans le corps du missel ; mais se souciait-on toujours assez de noter les suppressions et les additions dans le calendrier lui-même ?

Nous ne pouvons passer en revue les divers offices qui constituent le corps même de ce missel. Nous ne tenterons pas non plus ici l'indication des différences qu'on y rencontre assez souvent avec les offices du missel romain actuellement usité dans l'Eglise catholique. Il suffira de faire observer que ces différences ne portent pas sur les paroles essentielles pour le divin sacrifice. Qui, du reste, pourrait croire que l'admirable missel romain dont se sert aujourd'hui l'Eglise soit une création formée un jour donné de toutes pièces par quelque pape des premiers siècles ? On peut dire à peu près du missel ce qu'un savant ecclésiastique moderne disait naguère du bréviaire romain : « C'est une œuvre « composite ; des âges différents y ont collaboré ; des matériaux « y sont entrés dont quelques-uns venaient de très loin » (1). Pour nous, en parcourant ces missels antiques que des mains amies nous ont confiées, nous avons été amené à en faire avec le missel romain actuel une comparaison d'où est toujours ressortie avec éclat cette double vérité : le dogme catholique est immuable, tandis que la discipline et le culte lui-même sont variables dans les choses accessoires. Nous avons été, non étonné (nous aurions eu grand tort de l'être), mais profondément édifié de voir tant de conformité entre les textes de l'Ecriture insérés dans ces missels et l'édition de la Vulgate que l'Eglise nous donne comme invariable dans la vérité. Quelle puissance ces considérations n'auraient-elles pas sur l'esprit de nos pauvres frères séparés, s'ils les faisaient avec une intelligence au moins moyenne et sans parti pris ! Nul doute que, frappés de « l'excellence et de la beauté » des prières et des formules du missel romain, ils ne fussent gagnés par cet heureux « préjugé en faveur de Rome » qui captivait le grand Newman encore anglican, à la lecture d'un autre livre de liturgie catholique, comme il l'a dit lui-même (2).

Mais revenons à l'étude qui nous a suggéré ces réflexions, et, pour donner au moins une idée générale de la distribution des diverses parties de notre ancien missel, énumérons celles-ci dans l'ordre où elles s'y succèdent.

D'abord, après le calendrier commence le temporal, qui s'ouvre par ces mots : *In nomine Domini, amen. Incipit missale completum ad usum Valentinensis ecclesie. Et primo, Dominica prima Adventus Domini. Officium. Ad te levavi*............

Après l'office du Samedi-Saint, viennent les préfaces notées en plain-chant, et deux de ces préfaces sans notes ; puis le canon de la messe, la messe de Pâques et celles des autres fêtes et dimanches et des féries et vigiles suivantes jusqu'au vingt-troisième

---

(1) *Histoire du Bréviaire romain*, par Pierre Batiffol, 2ᵉ édition, p. 1.
(2) *Tracts for the Times*, nᵒ 75. *O the Roman Breviary*, p. 1.

dimanche après la Pentecôte inclusivement. La messe de ce dernier dimanche est elle-même suivie de la messe du dimanche de la Trinité *(dominica de Trinitate)*, mystère dont la messe ne figure pas plus haut.

Le temporal est fini ; le sanctoral commence, et avec la messe de la fête de saint Etienne premier martyr (26 décembre), pour finir par la messe de la fête de saint Thomas apôtre (21 décembre).

Enfin, viennent des messes votives de la Sainte-Trinité, de la Sainte-Croix, de la Sainte-Vierge, de Tous les Saints ; des oraisons diverses : de Tous les Saints, générale, des saints dont on a les reliques dans l'église, contre la tentation de la chair, pour soi-même, pour les vivants, pour les voyageurs, pour un temps de guerre, pour les péchés, pour la paix, pour la tribulation, pour la pluie, pour le beau temps, pour les infirmes, pour le salut des vivants et des morts ; des messes pour les défunts, pour la dédicace d'une église ; des messes communes pour les apôtres, les martyrs, les confesseurs pontifes, les confesseurs non pontifes, les vierges ; les messes de la passion de Notre-Seigneur, pour un temps de mortalité, du saint Nom de Jésus, de Notre-Dame de Pitié, contre les païens ; la bénédiction de l'eau et l'aspersion ; les messes pour le beau temps et pour la pluie ; les grandes litanies ; le *Gloria* et le *Credo*.

Et maintenant, du fond passons à la forme, c'est-à-dire à l'écriture du manuscrit et à l'état extérieur du livre.

L'écriture est en caractères gothiques et nous rappelle manifestement celle de la fin du xve siècle ou des premières années du xvie. Les minuscules sont correctement et régulièrement formées, comme il convenait à un livre religieux et liturgique, que le prêtre devait avoir souvent devant les yeux et lire en public. De 4 à 5 millimètres de hauteur pour les morceaux que le prêtre n'avait pas à chanter à l'autel, c'est-à-dire pour les introïts, les versets et répons du graduel, les offertoires et les communions, elles atteignaient toujours 6 millimètres pour les autres morceaux. Dans ces mesures n'est pas comprise la longueur des queues de certaines lettres, comme l'*f*, l'*h*, l'*l* et le *p*, qui dépassent le corps commun de toute lettre.

Les majuscules placées dans le corps d'un mot ou d'un morceau quelconque, et celles qui commencent les phrases de notes rubricales, sont simples et sans autre ornement que celui qui résulte de l'élégance naturelle du gothique. Mais les majuscules initiales des morceaux liturgiques eux-mêmes, sont ornées avec un luxe peu ordinaire et dont nos missels modernes imprimés nous donneraient bien difficilement une idée. L'or, la peinture, les couleurs de toute sorte, les formes les plus gracieuses de la nature se sont réunis sous la main habile du décorateur pour rendre le respectable manuscrit digne de la majesté infinie au culte de laquelle il devait servir. C'est par milliers que nous avons compté les lettres dorées sur fond azuré ou rouge et vêtues d'une fine bordure en noir qui fait encore ressortir l'éclat des autres couleurs. Mais ces lettres, d'une dimension assez restreinte en tête des morceaux ordinaires (1), sont au contraire d'une étendue considérable en tête des morceaux principaux (2). Puis, quand arrivent les introïts des dimanches et surtout ceux des grandes fêtes, le commencement de certaines préfaces, du canon de la messe et d'autres morceaux particulièrement solennels, les dimensions grandissent encore (3). Alors, la variété des couleurs, déjà accordée à des lettres de faible étendue, prend des proportions exceptionnelles et est combinée avec l'or de manière à frapper l'œil d'un véritable et gracieux éclat qui met l'esprit dans l'étonnement. Des fraises qu'on dirait naturelles, et d'autres fruits, des fleurs de toute sorte, dont le coloris est aussi vif qu'au premier jour, des arabesques splendides, qui se détachent de la lettre elle-même pour aller dérouler le long des marges leurs plis sveltes et dégagés, tout, à certains endroits, se réunit pour réaliser l'idéal de l'art inspiré par la piété.

Toutefois les lettres initiales ne permettaient pas à l'artiste de donner à ses dessins décorateurs des dimensions où son imagi-

(1) Nous en avons compté 863.
(2) Elles ont environ 0^{m}02 de haut sur autant de large, et font front ordinairement sur 2 lignes. Nous en avons compté 1840.
(3) Nous en avons compté 50 ayant environ 0^{m}03 de côté et faisant front ordinairement sur 3 lignes ; 5 (les initiales des introïts du 2e dim. de l'Avent, de la Pentecôte, de saint Étienne 1er martyr, de la Purification et du commun de plusieurs Apôtres) ayant environ 0^{m}04 de côté et faisant front à 4 lignes : 3 (les initiales de l'introït de Pâques, du *Te igitur*, de l'exorcisme du sel pour la bénédiction dominicale de l'eau) ayant environ 0^{m}05 et faisant front à 5 lignes ; 3 (les initiales de l'introït du 1er dim. de l'Avent, de celui de la messe principale de Noël, et l'initiale de la préface ordinaire non notée). ayant environ 0^{m}06 de côté et faisant front à 6 lignes.

nation pût prendre tout son essor. A divers endroits il a étendu ses dessins en forme d'encadrement à toute la page, et même au double plan résultant de la dualité de colonnes. C'est ce qu'il a réalisé à la première page du texte même, qui présente le commencement de l'office du premier dimanche de l'Avent. C'est ce qu'il a fait vers l'office de la messe principale de Noël, celle du jour, mais seulement pour une colonne et partiellement ; il n'y pouvait faire plus, parce que l'introït de cette messe commençait seulement avec la seconde colonne de la page d'un verso, et que l'encadrement devait se rattacher par le milieu à la grande lettre initiale ornée. Il l'a fait à la page des deux préfaces non notées précédant le canon, à la première page du canon lui-même, et à la première page de la messe de la Résurrection du Sauveur (1), il l'y a fait avec un coloris et un art qui approchent singulièrement de la splendeur.

Mais, là où l'artiste a surtout développé son habileté, c'est dans deux peintures qui se font face et dont chacune occupe en entier la page qui lui est consacrée. La première représente Jésus-Christ en croix, avec les saintes femmes et le soldat muni de la lance d'un côté, le centurion et divers personnages de l'autre. La seconde représente le Roi éternel des siècles, le Créateur et le Maître souverain du monde, avec les quatre animaux d'Ézéchiel symbolisant les évangélistes (2) et occupant les quatre angles ; à sa gauche est un personnage ayant un bandeau sur les yeux et tenant entre ses mains les tables antiques de la loi ; à sa droite est le représentant de la loi de grâce. Ajoutons qu'en dehors des cadres ornés et polychromes des deux gravures, vers leurs angles et au milieu des côtés supérieurs et extérieurs des pages, par conséquent en six endroits de chacune d'elles, est peint un C combiné avec un H dans le style gothique (3). C'est évidemment le chiffre du donateur du missel, lequel se trouve encore peint au milieu du grand A orné par lequel commence l'office du premier

---

(1) On trouve encore cet encadrement, mais dans des conditions restreintes et partielles, vers les introïts de la Pentecôte, de saint Etienne 1er martyr et de la Purification, et vers l'exorcisme du sel pour la bénédiction dominicale de l'eau.

(2) Ezéch., I, 5-11.

(3) Chaque milieu des côtés inférieurs porte une croix grecque environnée d'une bordure circulaire.

dimanche de l'Avent. Par les formes, l'or et les couleurs qu'on y a employés, le chiffre en question est en harmonie avec les peintures auxquelles on l'a associé. Mais nous n'oserions dire que la même main a tout fait. Une certaine différence dans la teinte semble indiquer que ce chiffre a été ajouté après coup. Par conséquent, le missel pourrait bien n'avoir été d'abord écrit et peint ni pour Charles Chavagnac, ni pour aucun de ses ancêtres.

Cette dernière observation a son importance pour l'établissement de la date du manuscrit, que le copiste a oublié de nous révéler, ainsi que son propre nom. Car, soit que le missel ait été d'abord fait sans le chiffre, soit que celui-ci se rapporte à quelque ancêtre du donateur de 1553, nous échappons à la nécessité d'admettre qu'on copia à grand frais un missel en plein xvie siècle, quand l'imprimerie en fournissait dans de meilleures conditions.

Nous croyons toutefois que le manuscrit est peu antérieur à l'année 1505, époque où Jean Belon put livrer au public le *missel de Valence* qu'il avait fini d'imprimer la veille de Noël 1604 (1). Car nous trouvons en celui-là, dans l'office de la messe du Saint Nom de Jésus, la prose *Dulcis Jhesus Nazarenus*. Or, ce morceau est attribué au franciscain Bernardin *de Bustis*, qui mourut en 1500, et les plus anciens missels datés que nous sachions le contenir, sont celui de Séez, imprimé en 1488, et celui d'Angers, imprimé en 1489 (2).

Nous ne connaissons donc que d'une manière vague la date de notre manuscrit ; mais son inspection attentive nous apprend assez distinctement la série des opérations successives dont il a été l'objet depuis la livraison, par le parcheminier, des peaux ou feuilles nécessaires, jusqu'à l'achèvement parfait de l'œuvre.

L'encre noire employée à la transcription n'a pas toujours été la même. Tandis que certaines pages sont écrites d'un noir terne qui irait jusqu'à en rendre la lecture difficile pour de mauvaises vues, d'autres sont écrites avec une encre dont le caractère corrosif a nui depuis longtemps à l'intégrité du parchemin. Ces deux

---

(1) On trouve encore plusieurs exemplaires du *missale ad usum Valentinensis ecclesie, peroptime ordinatum ac completum*, imprimé à Valence, par Jean Belon, en 1504.

(2) Guéranger, *L'Année Liturgique*, Noël, t. II (10e édit.), p. 233-6. — Ul. Chevalier, *Répertoire* cit., partie cit., art. *Bernardin de Busti* ; — *Repertorium hymnologicum*, n° 4909.

défauts, sensibles çà et là, n'atteignent cependant que rarement un degré sérieux. Au surplus, ils ne proviennent pas d'une multiplicité de main et de scribe ; car l'unité de touche dans la forme des caractères prouve qu'un seul copiste a dû suffire à la besogne.

Les cahiers ou quaternions copiés successivement et avant toute reliure, étaient régulièrement munis, en bas de leur dernière colonne, du premier mot de la première colonne du quaternion suivant. Ce mot, écrit généralement dans le sens transversal et comme en vedette, devait diriger plus tard l'ouvrier chargé de réunir les quaternions ensemble pour la reliure.

Le scribe, assez bon calligraphe, était faible comme liturgiste ; c'est ce que prouvent des erreurs de titre et des confusions entre un office et l'autre qu'il n'eût pas dû commettre et qu'un liturgiste passable eût relevées s'il les avait trouvées sur l'exemplaire servant de modèle. Mais a-t-il été lui-même le peintre décorateur du missel ? Nous l'ignorons. A cet égard, une seule chose est certaine. C'est qu'il a eu soin de laisser en blanc et de l'étendue requise les places où les lettres ornées devaient être peintes, et d'indiquer partout, au moyen d'une petite minuscule gothique fort peu caractérisée, quelle était la lettre majuscule qui devait y figurer. C'est ce qu'on voit surtout en deux ou trois endroits où le peintre distrait a oublié de faire la lettre ornée pourtant fort bien indiquée.

Il est aussi indifférent que difficile de savoir si les peintures ont été faites avant ou après le reliage des quaternions ou cahiers en un seul volume. Quant à ce reliage, il mérite de fixer notre attention. Fait selon toutes les règles requises au double point de vue de l'élégance et de la solidité, il comportait néanmoins pour le dos du missel cette souplesse qui est spécialement nécessaire à ce livre.

Au dos sont adaptées, sans aucun grécage, six fortes nervures néanmoins très flexibles, composées chacune d'un double cordon de cuir enroulé. Entre les doubles cordons extrêmes et les extrémités supérieure et inférieure du livre lui-même est un simple raccord résultant de l'enchaînement successif des extrémités du fil de chaque cahier à celle du fil du cahier voisin. Mais les fils en question viennent ensuite sortir à six reprises de l'intérieur du cahier pour s'enrouler successivement, à chacune des reprises, sur chacun des deux cordons de cuir assemblés. Ils commencent par le plus éloigné des deux et finissent par le plus rapproché, lequel devient le plus éloigné de la suite du fil rentré dans le cahier pour en ressortir cinq centimètres plus loin. Là le fil s'enroule de la même manière sur chacun des deux cordons de cuir suivants. L'œuvre est continuée ainsi jusqu'à la sixième paire de cordons et pour tous les cahiers.

Ou l'endossure a été omise, ou ses effets ont complètement disparu.

La rognure, fort bien faite, a réduit le missel à 0^{m}34 de hauteur et à 0^{m}235 de largeur. L'épaisseur est de 0^{m}065. La dorure appliquée sur les trois tranches a perdu sa fraîcheur ; mais elle a admirablement résisté à l'action déformatrice de la poussière et du frottement et à l'édacité du temps. On y distingue encore fort nettement les arabesques gracieux et autres dessins artistiques qu'un gaufroir y imprima sur les trois tranches dorées et en creux cependant fort subtiles.

L'œuvre si bien commencée attendait manifestement de beaux signets, de riches tranchefiles, une couverture et des gardes à l'avenant. Nous ne pouvons douter qu'on ne l'ait complétée par tout cela (1). Mais, hélas ! les six nervures dont les extrémités fixèrent sans doute pendant un temps les deux panneaux de la couverture, sont depuis longtemps coupées juste aux points de jonction de ces panneaux avec le dos. A peine en reste-t-il la partie indispensable pour maintenir encore reliés ensemble les cahiers du précieux livre. Tranchefiles, signets (s'il y en eut), panneaux, couverture du dos, n'y laissent guère autre chose que la place jadis par eux occupée. D'après un récit que nous a transmis le très aimable propriétaire du missel, M. l'abbé Aymard, curé de Flaviac (Ardèche) (2), ces panneaux étaient munis de plaques et ornements en métaux précieux. Or, pendant la Révolution, leur richesse excita la convoitise d'un de ces hommes qui

---

(1) On distingue encore aux quatre angles du dos les restes de fils en soie blanche et bleue qui ont dû servir à attacher les tranchefiles.

(2) Ces lignes étaient écrites, quand, le 17 mai 1894, M. Didelot, curé-archiprêtre de la cathédrale de Valence, a acquis de M. l'abbé Aymard le précieux missel. Celui-ci, comme nous l'a écrit M. Aymard lui-même, ne pouvait être mis par lui en meilleures mains, pour sa si désirable conservation.

ne reculent devant rien pour satisfaire leur avarice et leurs autres passions. Enlever les panneaux au livre et leurs métaux de prix aux panneaux fut l'affaire de quelques minutes.

Voilà, paraît-il, la cause du fâcheux état dans lequel nous voyons le précieux missel, état d'où une nouvelle reliure bien soignée pourrait heureusement le relever.

L. FILLET.

PRIVAS, IMPRIMERIE CENTRALE.

www.ingramcontent.com/pod-product-compliance
Lightning Source LLC
Chambersburg PA
CBHW071450060426
42450CB00009BA/2376